Beate Angela Pohl

Angela's Engel

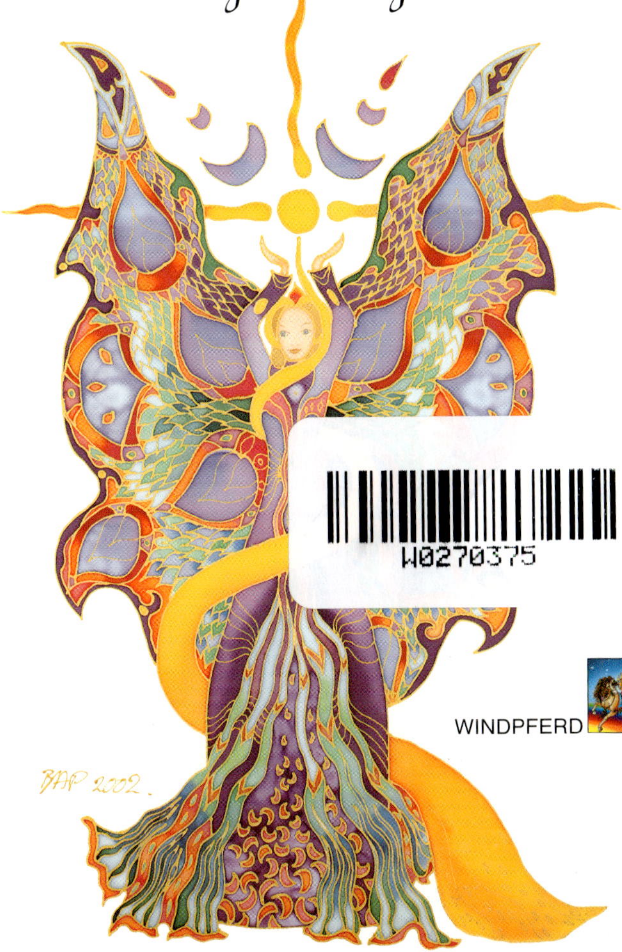

WINDPFERD

Weitere Sets unter: www.windpferd.com

HINRICHS · SCHNEIDER
Die großen Meisterkarten
64 Seiten und 22 Karten in Buchbox
ISBN 3-89385-287-5

ULRIKE HINRICHS
Die großen Erzengel-Karten
112 Seiten + 18 Karten in Buchbox
ISBN 3-89385-332-4

MARCUS SCHMIEKE
Das Edelsteinorakel
160 Seiten und
108 Rosenquarz- Orakelsteinen
ISBN 3-89385-888-X

SALISH UND EVA-LUDMILLA ARAGON
Elfen, Feen und Gnome
27 Inspirations-Karten
ISBN 3-89385-390-1

Impressum
1. Auflage 2003

Umschlaggestaltung: Marx Grafik & ArtWork
Texte und Illustration: Beate Angela Pohl
Gesamtherstellung: Schneelöwe Verlagsberatung & Verlag, Aitrang
ISBN 3-89385-415-0

Printed in Germany

Haniel - Polarität

Ich bitte um Verständnis.
Es kann das Helle nicht ohne das Dunkle geben.

Haniel - Polarität

Asturiel - Frieden

Ich stärke dich.
Damit Ruhe und Liebe deinen Körper und deinen Geist erfüllen.

Asturiel - Frieden

Sonnenengel - Unterscheidung

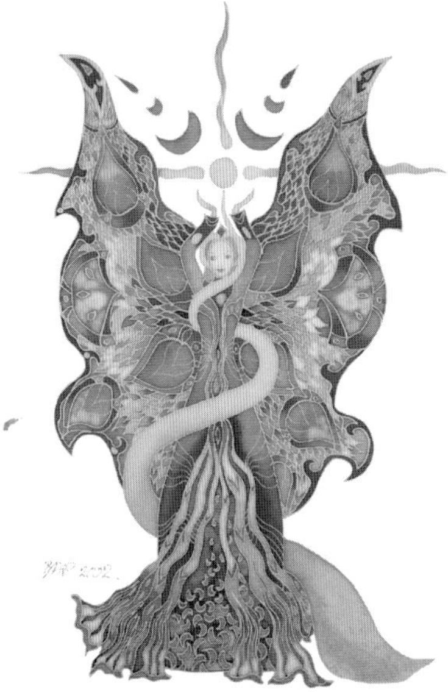

Sonnenengel - Unterscheidung

Es ist an der Zeit, dich zu sammeln.
Fange an, das Unwichtige vom Wichtigen zu trennen.

Gabriel - Lebensprana

Gabriel - Lebensprana

Meine Stärke und Widerstandskraft heilen die Lunge der Welt.
Hilf mir, die Bäume zu bewahren und zu behüten.

Sonnenengel - Fülle

Sonnenengel - Fülle

Ich trage den Reichtum mit mir.
Du wirst berieselt von Glück.

Asturiel - Verständnis

Asturiel - Verständnis

**Ich helfe dir, die Menschen zu verstehen.
Und so wirst du lernen, mit dem Auge
deines Herzens zu hören und zu sehen.
Und deine Güte und dein Mitgefühl werden unerschöpflich sein.**

Raphael - Seelenkraft

**Ich öffne dir den Weg zu den Tiefen deiner Seele.
Dort findest du die Antworten.**

Raphael - Seelenkraft

Sandalphon - Miteinander

In dir ist so viel Liebe und Harmonie.
Teile diese mit vielen anderen Menschen.

Sandalphon - Miteinander

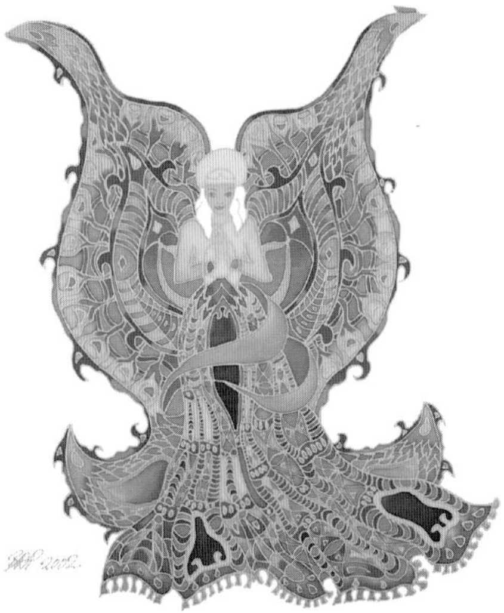

Haniel - Fürsorge

Ich erhalte uns die Erde.
Dass sie immer ertragreich ist und alle Lebewesen ernährt.

Haniel - Fürsorge

Michael - Lebensweg

Michael - Lebensweg

Ein neuer Weg breitet sich vor dir aus.
Zögere nicht.
Jede Entscheidung ist dein Weg.

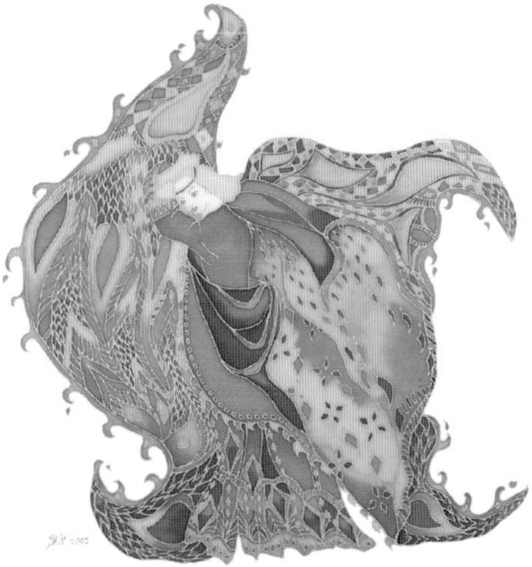

Gabriel - Geborgenheit

Ruhe dich bei mir aus.
Hier bist du in deinem Inneren geborgen.

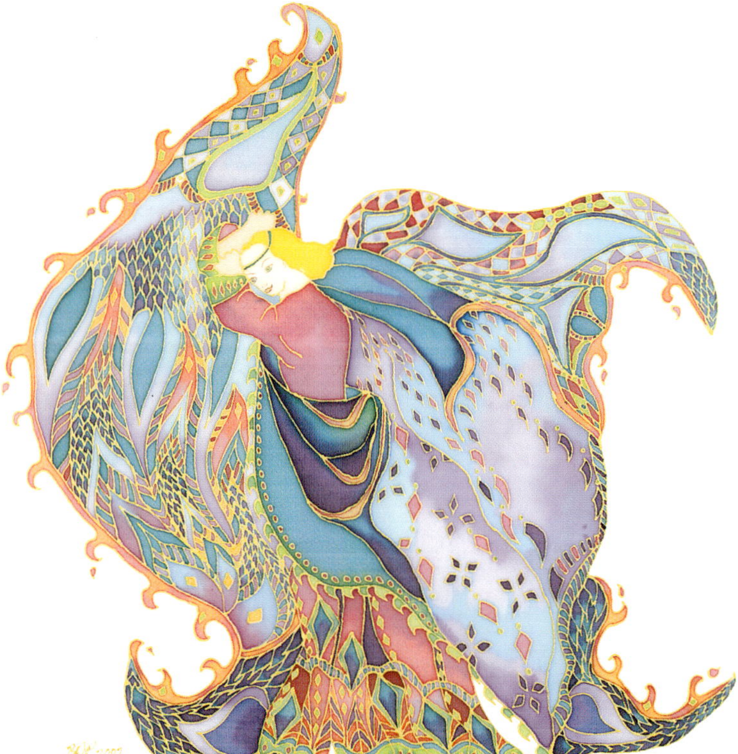

Gabriel - Geborgenheit

Michael - Courage

Michael - Courage

Durch mich kommen deine Tugenden zum Vorschein.
Du hast viel Kraft und Mut.
Setze beides mit viel Bedacht ein!

Haniel - Gewissheit

**Vertraue deiner inneren Stimme.
Lass dein Herz sich erinnern und du wirst
diese tiefe Liebe auch anderen geben können.**

Haniel - Gewissheit

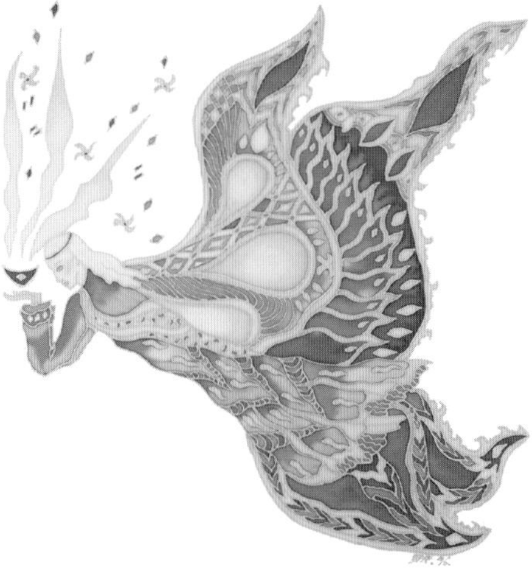

Raphael - Kreativität

Kreativität ist Ausdruck deiner Herzensenergie.
Ihr sind keine Grenzen gesetzt.
Arbeite also aus deiner Mitte heraus.

Raphael - Kreativität

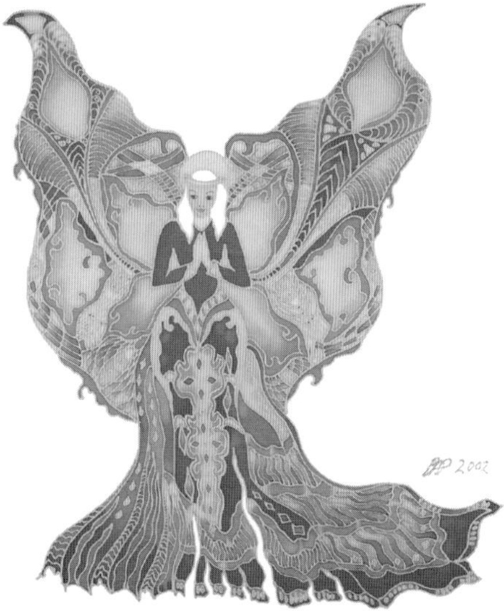

Haniel - Frieden

Spüre den tiefen Frieden in dir.
Verbreite die Freude daran in alle Welt.

Haniel - Frieden

Gabriel - Verantwortung

Versuche nicht, andere zu verändern.
Aller Anfang liegt nur bei dir.

Gabriel - Verantwortung

Haniel - Loslassen

Haniel - Loslassen

Nichts auf dieser Welt ist beständig.
Warum also bei einem Gedanken verharren.

Michael - Verzeihen

Michael - Verzeihen

**Wann immer du das Bedürfnis hast: Bitte um Verzeihung.
Hinterher fühlst du dich befreit.**

Raphael - Perspektive

Raphael - Perspektive

Ich trage die schönsten Visionen bei mir.
Nimm sie an und gib reichlich davon weiter.

Michael - Freude

**Bringe jeden Tag einem anderen Menschen Glück,
damit auch dieser es weitergibt und auf diese Weise bald viele
Menschen mehr Freude als Leid empfinden.**

Michael - Freude

Asturiel - Zuversicht

Asturiel - Zuversicht

Sei beruhigt.
Ich bringe dir Harmonie für deine Zukunft.

Sonnenengel - Licht

Sonnenengel - Licht

Trauere nicht.
Ich trage die Sonne in dein Herz zurück.

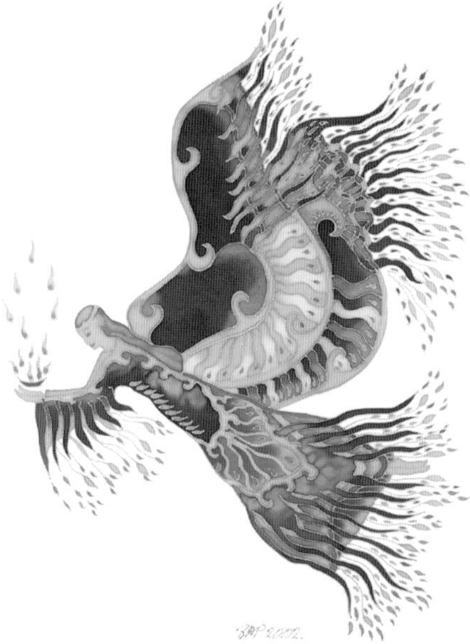

Raphael - Durchbruch

Dies ist ein Neubeginn.
Lasse das Vergangene hinter dir.
Ich begleite dich auf deinem Weg.

Raphael - Durchbruch

Gabriel - Lebenszyklus

Ich führe dich durch den Tag, mit der Energie und Kraft, die aus der Natur kommt.

Gabriel - Lebenszyklus

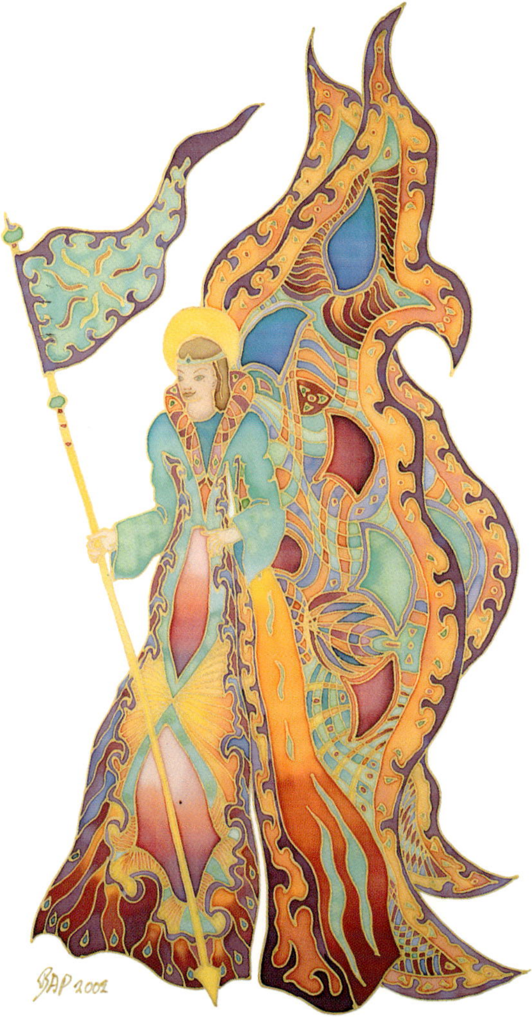

Michael - Selbstfindung

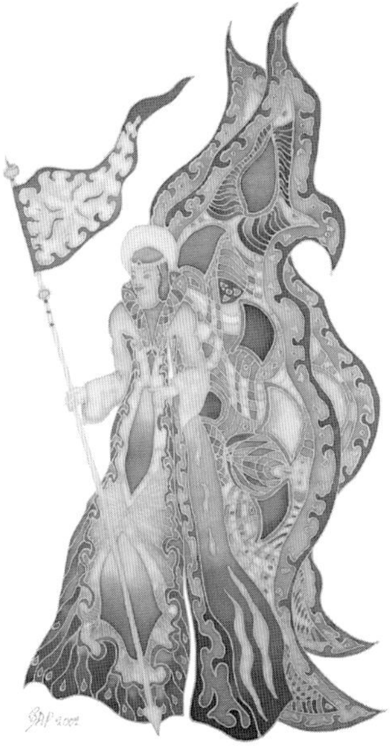

Michael - Selbstfindung

Finde dich selbst, um dann deine Kraft anderen weitergeben zu können.

Sandalphon - Frohbotschaft

Ich bringe dir eine frohe Botschaft.

Sandalphon – Frohbotschaft

Beate Angela Pohl

Angela´s Engel

Wann immer Sie möchten, wählen Sie aus den 27 Karten Ihren Engel aus – intuitiv mit geschlossenen Augen oder auch ganz bewusst, angezogen durch die besondere Verbindung von Wesen und Farbe – und vertiefen Sie sich in ihn. Und wenn Sie dann in Resonanz zu Ihrem Engel stehen, wird sich in Ihnen ein ganz tiefes, zufriedenes Gefühl entfalten; ein inneres Glück, das Sie jeden Tag aufs Neue erleben, selbst ausstrahlen und anderen weitergeben möchten.
In jedem Fall bin ich sehr dankbar, dass ich diese wunderschönen Engel habe malen und weitergeben dürfen.
In diesem Set offenbaren sich sieben Engel in unterschiedlichen Aspekten. Einige Engel werden Sie häufiger ziehen als andere – in jedem Fall werden Sie immer den Engel beziehungsweise einen seiner Aspekte ziehen, der bereit ist, Ihnen die Hand zu reichen, um Sie auf Ihrem Weg hilfreich zu begleiten.
Falls Sie noch mehr über diese Engel wissen möchten*, dann freue ich mich, wenn Sie mir schreiben oder mich anrufen.
Ich wünsche Ihnen viel Licht und Freude mit den Engeln.

Alles Liebe von Ihrer

Beate Angela Pohl

*Die Engel sind auf feine weiße Seide gemalt, etwa im Format 60 x 75 cm. Einige der Engel dieses Sets sind als Poster erhältlich. Es ist zudem möglich, einen ganz persönlichen Engel gemalt zu bekommen. Sie erreichen mich per Email unter folgender Adresse: **B.A.Pohl@web.de** oder auch telefonisch: **040-040-6031769.**

Beate Angela Pohl

Angela's Engel

Kraftvolle Engel – gemalt auf zartester Seide. Engel von Beate Angela Pohl entstehen aus der direkten Engelerfahrung. Ihre große Einfühlungsgabe in die menschliche Seele gibt ihr die besondere Empfänglichkeit für Botschaften der Engel. Auf seidengesponnenen Fäden fließen die Farben natürlich und verschmelzen auf ihrem Weg zueinander. In diesem Kartenset finden sich 27 Karten mit verschiedenen Aspekten der Engel Gabriel, Michael, Haniel, Raphael, Asturiel, Sandalphon sowie dem Sonnenengel.

Sie können eine Karte ziehen, und sich von diesem Engel durch den Tag oder die Woche begleiten lassen. Ihre Engelkarte kann auch als Meditationsvorlage dienen oder Sie einfach mit seiner Schönheit erfreuen. Angela's Engel sind auch wundervolle kleine Geschenke für all unsere Freunde und Bekannten, denen wir Kraft und Liebe geben möchten.

ISBN 3-89385-415-0

9 783893 854158

www.windpferd.com

WINDPFERD